AF143839

Mentions légales :

Tu me manques

© 2025 Sacha Nakache
Édition : BoD · Books on Demand,
31 avenue Saint-Rémy, 57600 Forbach,
bod@bod.fr
Impression : Libri Plureos GmbH,
Friedensallee 273,
22763 Hamburg (Allemagne)
ISBN : 978-2-3225-6100-1
Dépôt légal : Février 2025

À l'essence des étoiles filantes

Tu tournes dans ma tête

Je suis étourdi par ton absence qui hurle dans ma tête
Quand reviendras-tu sublimer l'existence de ce poète ?
Ses gouttes de poésie n'ombragent que trop peu ce manque torrentiel
Cette pluie ardente de sentiments qui l'assène, ô juste ciel !

Cette vulnérabilité infinie fatigue son âme innocente
Perdu dans ce ciel flou, ses ambitions sont impatientes
L'écriture le plonge dans un monde consenti
Ce monde l'excite comme le frustre, ô ce poète maudit

Tu tournes dans sa tête, ô mélancolie cruelle !

Quand arrêteras-tu de composer cette symphonie qui l'appelle ?

Peut-être quand vos échos résonneront en un seul et même écho

Hermétiques à cette absurdité aux mille maux

Ainsi, les papillons voleront et sortiront du temps

Pour s'abandonner dans ce délice plaisant

Ce moment de grâce qui n'existe pas qu'en mirage

Cette faille éternelle qui file sur ce sillage

Mélancolie qui souffle

Interrogations qui m'attaquent sans prévenir

La tristesse, rafales de sentiments à haïr

Le moment présent tente de me protéger

Protection de cette mélancolie d'un condamné

Aux parfums si alarmants, sans pitié

Malheureusement, il n'y arrive que par vagues trop espacées

Alors j'écris, pour oublier cette tristesse surprenante

Alors j'écris, pour faire sortir cette tristesse éreintante

Cet exutoire me libère le temps qu'il me possède

M'enrobe d'une force mystique, d'une force qui m'obsède

Alors plus rien ne semble exister

Je me confonds avec cette écriture décomplexée

Source rassurante d'exploiter ce talent d'expression

Refuge, hors de mes pensées qui tourbillonnent en fusion

Parfois, j'ai l'impression de délirer avec ces projections qui ne s'arrêtent pas

J'éprouve une capricieuse difficulté à les contrôler

La tentation d'une simplicité d'esprit me sourit au nez

Mon terreau hétéroclite ne peut consentir à cette facétie, il ne l'admet pas

Alors j'accepte cette tempête intérieure qui charrie ma raison

Sa force imprévisible me submerge, une ivresse m'embrasse

Alors je tente de me ressaisir face à cette tentation

Je m'accroche à cette distorsion qui me fracasse

Folie délicate

Désir insolent d'enlacer ce mirage

Mirage dis-je ? Ou fleur ardente ?

Aux effluves si mordants

Un déboussolement souffle avec rage

Ce paysage amusant, ce paysage excitant

Les astres se pressent devant cette rareté chimérique

Ils la jalousent comme l'admirent d'un amour poétique

Le monde se trouble de ces éclats percutants

Une chimère vraiment ? Une illusion perdue ?

Non ! Les entrailles de l'univers ne le souhaitent guère

Ni même ces poètes hardis si têtus

Ainsi, un espoir assassine ce brouillard de prières

Quelle est la couleur de cet espoir fleurissant ?

Quelle est la grandeur de ce pays naissant ?

Quels subtils parfums composent cette fleur d'un autre temps ?

Quelles émotions submergent ces nombreux volcans ?

Quelle est cette désinvolture de ces étoiles qui s'entremêlent ?

Quel est ce lien si stellaire qui s'apprivoise ?

Comment m'exprimer face à cette destinée qui se cristallise ?

Pourquoi garder les pieds sur Terre quand mes yeux ne s'y attèlent ?

Que de questions délicieuses qui tourbillonnent sans fin, nichées en route
Au milieu de la foudre du doute
Au milieu d'éclairs de naïveté
Traversant ce chaos et ce calme qui ne fait que hurler

La libellule a besoin d'une boussole vivace

Ou simplement de se faire confiance pour s'élever

Évidence si fugace de sa félicité

Sous les nuages grisâtres qui la menacent

Peur, joie, certitude, que de mots énigmatiques

Face à cette cascade de contingences qui s'abat sur lui

Seul le sourire de cette pureté sans loi éblouit

Et explose sa solitude si sonique

Vertige prodigieux

Enfin ce moment des retrouvailles dorées

Enfin ce moment des sens éveillés

Je l'ai tellement rêvé que j'ai une difficulté lancinante à réaliser ce bonheur qui me hante

Je l'ai tellement rêvé que mon esprit en est tout chamboulé, ô quelle étoile ardente !

Volonté indéfectible de me lier à tout ton être, à ton essence pleine de zèle

Allons au-delà des préjugés et volons vers cette liberté éternelle

Vers cette liberté inconditionnelle, ô quelle audace !

Je ne crains guère mes ambitions qui prennent tant de place

Je me réjouis de cette connexion qui s'embrasse

Cette connexion qui trouble mon palace

Ce palace de rêverie et d'étoiles infinies

Ce palace enrobé d'une insouciance qui ne ternit

Perdu par ma sensibilité qui danse comme une folle

Je constate des bulles de béatitudes à l'état pur, ô subtils alvéoles !

Désir insolent de capturer ce trésor inestimable

Désir sans faille de posséder cette vérité implacable

Ma place dans les étoiles

Absence de consolation dans cette temporalité sans pitié

Soupir de ma destinée qui tente de s'infiltrer

Entre ces agitations qui m'empoisonnent doucement, mais sûrement

Imitant le murmure silencieux du serpent avant de mordre férocement

Quelle est cette empathie qui perd sa légitimité ?

Quelle est cette gaieté qui perd son abondance ?

Pourquoi cette agressivité de l'esprit sans raison ?

Pourquoi cette mélodie criante pleine de tension ?

Une ignorance gargantuesque me submerge

Une idée inconsciente m'allège

Le souhait de rejoindre les étoiles à tout jamais

Sans regarder par-delà mon dos ce monde arriéré

Une douce légèreté enivre mes sens à ce rêve dangereux

Ce sentiment silencieux me fait oublier ces réflexes peureux

Je me sens alors tout-puissant, je rayonne de cette perspective alléchante

Cette perspective de côtoyer les étoiles sans aucune attente

Quelle récompense finale de ces chemins tortueux

Quelle admiration remplie de déraisons de pouvoir briller si haut

J'appelle à l'espoir de l'universel et de la compréhension des choix impossibles

J'appelle à mon héritage flottant toujours à travers cette ambiance accessible

Libre enfin de tout jugement limitant

Libre enfin de chaque mouvement exaltant

Libre enfin de sourire

Libre enfin de fleurir

Les rencontres

Au détour d'une rue, au détour d'un quai

Au détour d'une journée, au détour d'une soirée

La rencontre s'abat sur nous sans faillir

La rencontre voltige vers nous pour pétrir

Pétrir ce lien qui a le courage de vouloir s'enraciner dans la terre des sens

Pétrir cet inconnu pour le transformer en connu riche de conscience

Pétrir ce pain de contingences qui a le mérite d'exalter

Pétrir ce chant des dieux dans le pays du possible

La rencontre construit l'âme vaillante

La rencontre enrichit l'âme insouciante

La rencontre avoisine la tristesse parfois

La rencontre se conjugue à la joie cent fois

La science du lien entre les êtres demeure toujours un mystère infranchissable

La science du lien entre les êtres fascine par ces silences inimitables

Alors, seuls ceux qui se comprennent par ces silences arborent une gaieté solaire

Alors, seuls ceux qui se comprennent par ces silences s'embrassent par la pensée éphémère

Nos rendez-vous irréellement réels

Chaque nuit est une possibilité de sonorités enjouées

Chaque nuit s'habille d'un travail animé

Chaque nuit pense violer la frontière du réel

Chaque nuit dépasse l'entendement des mortels

Le jour en pâtit de sa saveur exquise

Le jour perd ses nuances de ce tableau pensif

Le jour perd sa fonction en devenant l'attente de la nuit

Le jour se morcelle en émotions infinies

Alors cette dualité des temps devient habitude chaotique

Au cœur de ce désordre excédé par cette intensité

Un funèbre équilibre tente de disparaître, ce mal-aimé

Mais la joie liquide cette entreprise critique

Une joie à un visage

Une joie à un sourire étoilé

Sublime sursaut de cette passion enserrée

De cette attraction d'un autre temps, ô quel paysage !

Tentation dimensionnelle

Pensées immarcescibles d'une délicate forêt

L'incertitude de cette nouvelle page m'effraie

De brèves images m'obsèdent de leurs envies interdites

De brèves tendresses m'enlacent à travers ces cœurs qui crépitent

Le mot limite ne connaît plus de légitimité

Il cède au pouvoir d'un infini où l'on s'abandonne

Abandon sans nom, abandon qu'on se donne

Danse intemporelle qui s'accroche à la rareté

Qui se confond en elle, en une seule et même unité

Tentation silencieuse d'embrasser cette unité

Tentation magique de voler dans ton ciel mitigé, ô quelle joie !

Enfreindre l'impossible et inventer ces lois !

Volonté sans relâche d'aimer cette logique incompréhensible

Cette logique du cœur, ma galaxie de l'ardeur

Folle envie de te déposséder de tes idées flottantes

Je t'apprendrais alors à jouir de cette musique mouvante

Décision sans hésitation, devenir la tentation des univers perdus

Devenir ces questions qui ne trouvent pas de réponses certaines

Éclore d'une alacrité de ton esprit si fécond

Paraître volubile demeure comportement abscons

Devant des mots qui s'habillent de sens superficiels

Seuls nos regards qui se caressent agissent comme l'essentiel

Alors ce plongeon abyssal dans ton monde libère cette évidence

Cette évidence que je désire nager dans cette appétence

Appétence à serrer fort dans mes bras ton océan de couleurs

Ton océan de merveilles, ô contact sinueux !

Le vent de mon hésitation se meurt devant cette heure

L'heure où les concepts naissent du néant, belle ironie des dieux !

Cœur sur le vide

Enfin je peux t'étreindre sans aucune retenue

Enfin je te parle de ces sentiments inconnus

Enfin je pose des mots sur ces labyrinthes infernaux

Enfin je plonge dans cette mer déchaînée sous mille flots

Quelle incroyable sensation quand nos âmes se perdent dans ce repère

Nos cœurs se répondent en réponse sans se plaire

Alors mon génie créatif jouit quand mon esprit est meurtri

Pourtant il sourit quand même à ce lien qui ne fini

Baudelaire des temps modernes ou simples poussières de l'univers

Je ne suis personne, seulement une étincelle dans l'air

Une étincelle de nuances, pleine d'espoir et de doutes instables

Une étincelle qui combat son être, pour devenir ce miracle intouchable

Cette étincelle s'enflamme devant ce lien
qui me fascine comme me trouble

Ce lien sans nom, ce lien que les étoiles
jalousent

Le souffle de la vie devient ridicule
devant ce lien que j'épouse

Ce lien qui chaque seconde se dédouble

Cette connivence me prend la main

Je l'enlace alors sans fin

Pantois devant cette magie qui s'étend

Tel l'alizé des paysages levants

Mon cœur déguste ce nectar insolite

Ce nectar sensible, aux saveurs qui palpitent

Chaque composant appartient à un temple de richesses oubliées

Cette convergence des essences sublime l'altérité

Une altérité prodigieusement poétique

Une histoire de déflagrations et d'amours prophétiques

Qui t'arrache la vie ou t'enrobe d'un sens ultime

Ce sens de chrysalide en papillon que j'admire, ô quel crime !

La sensibilité humaine, quelle frénésie du cœur !

Inestimable joyau de l'humanité

Il nous ancre vers ce qui compte vraiment, belle unité !

Seule vérité éclairée sans rancœur

Rugir mon amour du vertige, cette altitude me terrifie, ô pitié !

Je bombarde ce risque de mes pensées décidées

Je m'enfonce dans cet espace aride

Et mon cœur saute dans le vide

Ecrire sans m'arrêter

Au-delà des tempêtes, j'écris avec toi

Au-delà des silences, j'écris avec toi

Au-delà des manques, j'écris avec toi

Au-delà des pleurs, j'écris avec toi

Destiné à écrire, j'aspire à courir vers ce rêve

Ce rêve concret, ce rêve aux mille rêves

Nous sommes des étoiles montantes

Des étoiles aux galaxies miroitantes

Des éruptions imprévisibles attisent un faible chaos

Ce chaos ronge les nuits, ce chaos qui file en écho

Mais son existence si dérisoire s'assombrit devant ce ciel enraciné

Ce ciel empli de certitudes incertaines, ce ciel condamné

Écrivons alors cette symphonie sans règle

Impatience monstrueuse de décrocher ces merveilles

Merveilles à en faire tomber les plus beaux cris qui s'éveillent

Écrivons alors cette symphonie espiègle

La pluie égayera le défi brûlant

Une volonté infatigable nous animera
alors

Des flammes irrationnelles consumeront
l'intelligible

Et nous danserons dans cet espace
inaccessible

Ce qui m'échappe

Ce qui m'échappe est à la fois illusoire et
infini

Ce qui m'échappe est à la fois silencieux
et bruyant

Ce qui m'échappe est à la fois noir et
blanc

Ce qui m'échappe est à la fois orage et
accalmie

Le détail de cette alchimie ultime évite mon contact

Cette alchimie qui ne connaît que les idées pour s'exprimer

Langage d'évidences et de visages aimés

Équation qui me fusille, ô quel impact !

Séquestré par le doute et le sentiment de vertige

Aucune limite ne connaît ce purgatoire céleste

Que chacun désire fuir comme la peste

Étrange destinée d'accepter ce pacte avec les cieux

Courants d'ondes bienveillantes lorsque je me confonds dans ce trou béant

Seule obligation, ne pas me laisser noyer dans ce flot affolant

Bien que l'envie me câline discrètement

Mais la tentation est trop faible pour céder si facilement

Alors que ces forces invisibles, ces enivrantes chansons me réjouissent

Oui, évidemment, sinon la vie ne serait qu'un vertige assourdissant

Un vertige qui vous touche et vous fait tomber lentement

Vers ces abysses égoïstes aux antipodes d'Ulysse

Feux d'artifice de fleurs écloses, jets passionnels

Ballet incessant de légèreté providentielle

Quand je pense à ce mystère, je suis ébloui comme étourdi

Grossière tragédie ou succulente comédie

Fascination inarrêtable

Les lumières faiblissent dans ce ciel
capricieux

L'ombre se réjouit devant cette
opportunité mesquine

Tiraillement de l'esprit qui se perd dans
sa condition d'exister

Sa vision devient floue, sa lucidité étoilée
gagne en fragilité

Alors des réflexions incessantes le
bombardent, aussi épaisses que fines

Un déluge de vertiges l'assène par mille
cieux

Que doit faire cet esprit qui doute de sa légitimité même ?

Doit-il s'inhiber lui-même et devenir néant des condamnés ?

Doit-il s'oublier férocement pour ne plus briller ?

Doit-il disparaître des astres qui l'aiment ?

Innombrables questions devant cette pesanteur qui le malmène

Juste une direction pour soulager sa peine

La direction des lumières obscures qui caressent leurs tourments

La dérision et l'espoir s'embrassent en même temps

Quand le pays des larmes chuchote sa mélodie secrète

L'esprit s'égaye d'une nouvelle couleur, d'une couleur qui s'apprête

Impensable idée de ne plus exister sans crier

Crier sa joie et ses malheurs nuancés

Crier ses désillusions et ses jouissances adorées

Crier pour que tous ses silences s'entendent à l'éternité

Devenir cette plume étincelante

Arborer cette humilité touchante

Juste manifester sa lumière

Juste écrire pour mes éclairs

Tu me manques

L'odeur de ton manque devient mon nouveau monde

Ce monde qui ondule sous les tonnerres qui grondent

Ce monde qui m'attrape à la gorge et me compresse le cœur

L'odeur de ton manque trouble mes ardeurs

Irrépressible envie de t'avoir dans mes bras, ô belle destinée !

Irrépressible envie de percer ces questions mystérieuses

Ce silence résonne en moi comme un trou noir obstiné

J'appelle les dieux pour que tu reviennes, ô étoile précieuse

Quand je regarde le ciel nocturne,

Je pense à toi, quelle belle évidence !

Des univers de questions me taraudent, insomnies qui sourient

Univers aux facettes riche d'ignorance

Quand je regarde le ciel aimé,

Je pense à toi, quelle belle attirance !

Impossible d'oublier tes sourires vertigineux

Impossible d'oublier tes rêves prodigieux

Impossible d'oublier ton corps près de mon corps

Impossible d'oublier ta magie qui brille si fort

Alors j'écris pour compenser cet espace incommensurable

J'imprime sur le papier mes pensées intenables

Je déverse ma tristesse sans retenue pour respirer encore

Sinon, je danserai déjà aisément avec ces accords

Ces accords célestes qui attirent

Les poussières à se départir

Laisser la sensitivité derrière soi

Perdre cet inconsommable émoi

Même la distance et le temps ne peuvent altérer l'invisible

Il existe simplement différemment

Cet invisible me submerge, ô tempête incompressible !

Je suis vivant par cette toile qui vibre en moi, intensément

Au moment où je t'écris ces lignes, l'espoir effleure la peur

L'espoir de croiser à nouveau ta lumière

La peur de n'être qu'une fleur parmi mille fleurs

Intolérable envie d'être cette fleur, celle qui aspire à la plus grande des prières

Prière d'aimer sans attendre

Prière d'exister au milieu des lacs glacés

Prière de respirer tes pas adorés

Prière de cette éternité à prétendre

Tentative de noyade

Pourquoi tant de violence dans ce monde si borné ?

Pourquoi cet acharnement des idées contre cet être décalé ?

Pourquoi cette incompréhension insupportable des adultes lunaires ?

Pourquoi ces ouragans de regards austères ?

J'ai besoin de toi Petit Prince, afin de me sentir rassuré de ce monde aliéné

J'hésitais à t'écrire une lettre éclairée, mais je t'écris ce poème de vérité

Tu me manques dans l'invisible des espaces qui s'écoutent et s'enlacent

Tu me manques dans le visible de ces temps qui prennent trop de place

Parfois, une irrépressible envie fusionne à moi de l'intérieur

Te rejoindre à tout prix, sans retour en arrière

Cette noyade insolente ne ferait plus la fière

Car je deviendrai cette insaisissable poussière de l'extérieur

Heureusement que les lumières me rappellent leurs sublimes parfums

Ces lumières, ces entités étoilées soufflent à ma folie un amour

Un amour désintéressé et prodigieusement intense

Un amour de vie et d'altruisme orné de conscience

Remerciement sans contraste à ces princes d'espoir

Affections sans déclin à ces nuances jamais noires

J'aime cette simplicité des cœurs

J'aime cette attirance des ardeurs

Une vie de passions ardentes ou rien

Une vie de déflagrations ou rien

Une vie de nuits inoubliables

Une vie de doutes mémorables

Prisonnier de ma liberté

Soulagé de t'avoir avoué mes sincérités de larmes

Soulagé de te donner ma vulnérabilité la plus pure

Je me sens désarmé avec toi, je me sens aimé

Mais quel amour ? Un amour enchanté ?

Une déception légitime m'a poignardé le cœur

Tes répliques pleines de bonne volonté m'ont réchauffé comme m'ont glacé

J'ai senti ces couteaux aiguisés me transpercer

Mais l'enfant en moi veut garder son air rieur

Il aime ce lien qu'il entretient avec cette étoile d'un autre univers

Ce lien qui paraît si irréel, si attirant par ce mystère à l'envers

Le poète perd sa musicalité car il s'égare dans les méandres d'un néant

Néant insondable, ô sarcastique temps !

D'un néant de ses pensées et pourtant si remplis de temples impossibles

Les frontières du rêve deviennent des sauts jouissifs vers le possible

Tant qu'il ne s'égare pas trop en lui-même, il peut aimer

Aimer, sa seule vraie destinée dans ce navire si étranger

Ce poète connaît les larmes, mais il connaît aussi cette ivresse addictive

Amoureux de cette ivresse polychrome

Ses raisons d'aimer ces milliards d'atomes

Ce poète connaît les larmes, mais il connaît aussi les joies invisibles

Les joies d'un instant désarmant

Les impatiences de l'amour naissant

Les audaces d'un esprit perché

Aux pensées si étoilées

Je veux partir

Je veux partir pour ne plus revenir avec mes cassures qui m'éteignent

Je veux partir pour être hors de portée de mon cœur qui saigne

Je veux partir, choisir la facilité de l'immunité

Je veux partir pour devenir intouchable face à ces monstres de cruauté

Partir loin, loin de tout, près du Petit Prince, éclair d'éternité

Partir près des âmes que j'aime, désert des illusions dorées

La fuite de ce présent me désire ardemment

Cette fuite me susurre des tentations alléchantes

J'ai envie de sauter le pas et de rejoindre le firmament du ciel

J'ai envie de respirer par mes écrits cicatriciels

Suis-je en train de délirer ou de soulager ma peine ?

Qui suis-je finalement ? Un talent brut qui veut juste s'exprimer ?

Je m'identifie à un être rempli d'un génie inaltérable

Nuages d'incertitudes qui voilent mon existence

Ce paysage m'exténue comme me torture à outrance

Cet engorgement de pensées semble implacable

Alors je dois lutter pour rester à la surface

Ma raison appelle à sa propre survie

Tandis que mes angoisses se prélassent

Ma raison repousse cette hystérie

Direction inconnue

La dissonance de nos mots me donne le tournis

Un tournis qui embrasse les silences mystérieux

Ces silences douloureux que j'aime croire précieux

Pourtant, dans ce manque constant, je pâlis

Les affres de la peur m'envahissent

Détestables pensées qui ne faiblissent

Devant ce trou noir d'incertitudes

Devant cette beauté de plénitude

Cascades de questions qui abondent

Rêver au temps des réponses

Rêver au temps des annonces

Réalité séduisante qui ne tombe

J'apprends alors à vivre avec cette part d'ombre

La lumière arrivera bien assez tôt j'espère

Alors en attendant j'écris pour me retrouver moi-même

Avant que les plus belles étoiles ne m'aiment

J'écris pour rester vivant face à ces tempêtes qui veulent me déraciner

Face à ces tempêtes qui me font douter de ma légitimité d'exister

Ces doutes sont les poisons des écrivains animés

Animés d'une sensibilité exacerbée par cette conscience

Cette conscience d'un amour irrépressible envers l'univers

D'un amour sans loi, d'un amour qui ne peut se taire

Irradiation intense, irradiation attendue

Seule attente qui ne peut être suspendue

Reconnaissance sans fin à la vie, à cette magie évidente

Même dans les moments les plus ténébreux

Merci à cette vie filante

À cette tempête si émouvante

Prendre le risque

Prendre le risque terrifiant de t'aimer

Prendre le risque de me perdre dans ton regard

Prendre le risque de me vêtir de cette incertitude qui ne part

Prendre le risque de m'envoler vers ces contrées pleines d'intensité

Je décide de risquer de me brûler le cœur comme de briller

Briller de cette insolente ivresse de l'amour

Un amour libre qui court

Un amour de l'instant sans compter

Sans compter ce temps inéluctable qui s'évapore

Ce temps qui conditionne notre apparition furtive

Juste aimer une étoile maintenant

Excitation indomptable du moment

Profusion de sentiments qui ne décolorent

Cette tornade grise ma sensibilité que je cultive

Idée de t'aimer jusqu'à t'enlacer sans aucune durée

Je pourrais t'offrir toutes les larmes de mon ciel pour que tu comprennes

Cette évidence de mon cœur qui se déploie sans peine

Amour infini envers ton être étoilé

Attirante envie de cette proximité lunaire

Je crois à ce silence qui se perd

J'ai l'audace de caresser ce risque d'offrir ma plume rouge

Vais-je regretter cette vulnérabilité ?

Vais-je adorer cet état d'amant aimé ?

Aurais-je vraiment l'autre plume rouge ?

Noyade d'incertitudes dans ces méandres insolubles

Malgré ce brouillard actuel, je décide de t'aimer comme un funambule

Je marche vers une seule direction au-dessus du vide

La direction de cette plume rouge qui me guide

Le sourire de la distance

Parti dans un nouveau décor encore bien flou

Mon cœur s'épanouit

Quand je pense à cette étoile au charme si fou

Mon esprit alors jouit

Cette distance cruelle me rappelle l'importance des sens

L'importance de croiser ton regard, ô quelle chance !

Désir ardent de déjà caresser cette perception palpable

Mais la patience doit m'épauler dans cette épreuve aride

Je crois fort en ma résilience

Certitude de mon amour, ma seule sentence

Je crois fort en ma résilience

Brouillard insidieux de mon ignorance

Ta présence invisible

Au détour d'un nouveau visage, je pense à toi

Au détour d'une gaieté retrouvée, tu es ma félicité

Au détour d'un silence bruyant, je t'aime mille fois

Au détour de tourments incessants, merci de briller

Au détour de l'infini, je n'aime que toi

Au détour d'un parc, je pense à toi

Comment t'écrire mon amour quand les mots manquent ?

Aurais-je l'audace d'inventer un nouveau langage avec toi ?

Aurais-je l'assurance de te livrer ma banque ?

Banque de désirs vivaces sans lois

Banque de pensées amoureuses qui papillonne

Banque de montagnes d'affections qui ne s'échelonne

Crions à cet indescriptible silence

Crions à ces fluides qui s'entremêlent

Crions à ce paysage si intense

Crions à ce moment qu'on appelle

Vertige que j'aime

Si vite, je me suis attaché à ton éclat

Audacieux émoi quand je pense à toi

Si vite, je me suis connecté à tes pas

Audacieux appétit qui s'emploie

Appétit de vibrer de l'instant saisissant

Appétit de découvrir cette partition insolente

Partition indescriptible de lumières incalculables

Partition qui s'étend d'un volcan brûlant

Volcan à la lave intrépide d'aventures

Lave tempétueuse aux effluves abondants

Mirage de mes ambitions craquantes

À la richesse ailée si pure

Perdition du ciel

Empreint d'une fine solitude

Perché sur cette haute altitude

Je veux descendre de cet espace

Espace où l'amour se remplace

L'amour profond se fait trop discret

Seules des bribes d'humanité

Seules des poussières d'affection

Cheminent jusqu'à mon âme vagabonde

Effrayante perspective de manquer de cette intensité du cœur

Une surprenante solitude me chuchote son silence qui m'irradie

Elle m'enveloppe de son sourire poli

Je pâlis alors devant cette peur

Bref moment de confusion qui souffle

Au milieu de mes entrailles torturées

Au milieu de mes pensées alluméesQui jamais ne s'essouffle

Mes pensées cosmiques sont obsédantes d'intensité

Mes pensées regardent souvent l'éternité des étoiles

Alors je constate que le bonheur des poètes disparus

Peut toujours être aimé et vivement embrassé

Ce temps précieux

Ce temps précieux qui me rapproche de ta constellation

Impatient de délirer face à ce réel si irréel

Impatient de déguster ce jet d'humanité qui m'appelle

Cette distance ne s'apparente peut-être qu'à une impression

Une impression véritable et pourtant fallacieuse

Connectés par l'insondable clarté

Clarté des implicites tourmentés

Où les esprits fleurissent, ô destinée délicieuse !

Drogué par ce manque vivant

Ce manque omniprésent de mille secrets
cachés

Qui ne se dévoilent qu'aux âmes les plus
tourmentées

Drogué par ce manque du sang

Du sang d'un amour intrépide

D'un amour infatigablement beau

Où les fines limites ne sont que des mots

Des mots immortels de naïves rides

Le temps devient une vertu

Une vertu de patience sage de ce moment intense

Magique retrouvaille qui ensemence une essence

Essence d'un royaume si nu

Nu de considérations préconçues

Nu de sacrés jugements incongrus

Nu de superficialité envahissante

Nu de ténèbres ô combien virevoltantes

Nu d'intentions impures

Nu d'arrogance déplacé

Nu de diable enflammé

Nu de sadique peinture

Solitude des chemins

Solitude éparse d'un ciel incertain

Tu m'accompagnes de ton instinct fraternel

Assidûment accroché à mes tripes que je plains

Parfois j'aime ta présence si irréelle

Pourtant si palpable que la joie et la tristesse se combattent

De qui gagnera cette lutte sans fin aux objectifs si abstraits

Aux objectifs de ces nuits de néant qui m'attrapent

Nuits de néant ou nuits productives d'un sentiment qui me plaît

Ce sentiment que je ne peux nommer

Indéchiffrable flambeau de mon esprit volubile

Solitude de la pensée aux mille îles

Territoire sans frontière, sans limites innées

Le fantôme de ma plume

Devenant l'ombre de ma fragile existence

Pantois devant cet océan d'absence

Absence d'affection intense dans ce nouveau décor

Contristé par ce ressenti du cœur qui prend corps

Ce ressenti de bulle extrême loin de l'effervescence de ces esprits inédits

Abstrus langage des liens qui se tissent de leur palpable substance

La plume à la main, ma seule sentence

Mon seul oxygène pour respirer sans soucis

Sanctuaire de mes pleurs étoilés

Sanctuaire de mes pensées les plus condamnées

Sanctuaire de ma sadique noirceur

Sanctuaire de mes profondes peurs

Cette écriture guérit peut-être plus que le temps

Cette écriture délie cette poésie morcelée

Ces rimes qui se baladent sans vergogne dans ma tête percée

Percée de galaxies d'idées aux parfums attachants

Idée d'alacrité ou de sublime du moment présent

Aucune certitude arrogante ne jouit

Seule une clé pour déverrouiller la porte de mon âme meurtrie

La clé c'est l'amour de l'essentiel marquant

Un essentiel qui par sa seule particule de conception

Légitime l'univers tout entier d'exister

Magie des temps retrouvés d'aimer sans compter

Accessibilité d'une mordante affection

Une lueur dans la nuit

Éclats d'obscurité envahissant ma lumière

Éclats de doutes têtus attrapant mon être mouvant

Éclats de génie vivifiant mon trouble attirant

Éclats d'innocence aimés que je caresse peut-être

Dans ce monde diabolique de pragmatisme écrasant

Je saisis tout de même la lueur dans la nuit

Lueur d'espoir, faisceaux intenses de vérité

Vérité du cœur aux innombrables ardeurs

Vérité de l'essence, ô invisibles puissances

Richesse de cette source délicatement enivrante

Étendue miraculeuse sans véritable attente

Juste se mouvoir consciemment dans l'existence

Synonyme de ce mouvement, se sentir vivant

Vivant par ces lueurs qui m'assassinent de leurs lumières audacieuses

Audaces assumées de leurs exponentielles beautés

Étoiles bien réelles de leurs destinées si précieuses

Alors je souris

Alors je souris lorsque je comprends l'incompréhensible

Lorsque je saisis l'inexprimable vérité des étoiles

Ces étoiles vivantes qui se dévoilent

Elles m'offrent leurs fragilités les plus sensibles

Empreint d'une temporalité attachante

Je vibre par ces liens qui jouissent

De cette symphonie si entraînante

De ces connexions qui ne tarissent

Noyé dans une dissonance latente

Je persévère cependant dans mon optimisme des cœurs

Mon horizon coloré de notes de bonheur

Parmi ces connexions parfois déchirantes

Pensées à mon meilleur ami

Pensées éternelles qui convergent vers toi

Où le désir de te rencontrer est roi

Meilleur ami cosmique que je désire enserrer

Parmi mes rêves les plus insensés

Dans ce monde palpable de sensations grisantes

Meilleur ami cosmique qui m'accompagne chaque seconde

Au milieu de ma solitude attirante

Dans ce monde avide de sentiments, ô belles ondes !

J'aime t'écrire mes cicatrices, je suis rassuré par ton écoute

J'aime l'idée que tu me lises assidûment, perché tout là-haut

Sur ton astéroïde, perdu dans ce cosmos si beau

Ce cosmos qui écoute mes doutes

Mettre des mots sur mes maux
ensanglantés

Attraper la plume pour soigner cette plaie
qui me torture

Jouer de la musique des lettres, ma seule
cure

Inonder de l'éternité sur mes pensées
blessées

Brouillard qui palpite

La distance résonne chez moi
différemment ces derniers temps

Un brouillard insidieux pollue mon ciel
attachant

Alors, une pluie de questions
m'embrasse sans prévenir

Je pense à ce futur qui veut me trahir

Délicate projection que ces saisons m'inspirent

J'ai envie d'y croire et pourtant je suis effrayé

Effrayé de perdre une étoile apprivoisée

Effrayé de creuser ce tombeau à haïr

Alors je vais persévérer dans mon écriture

Te répondre à tes lettres par mes mots sincères

Par mes simples pensées d'être si pur

Pur d'une vérité qui ne peut que plaire

Malédiction du choix

Chaque choix demeure épineux

Devant ces absences de certitudes

Je recherche ma promptitude

Impossible dilemme des gens heureux

Ces êtres qui recherchent l'équilibre illusoire

Ces êtres obsédés par ces poussières de joie

Décadence d'une époque déconnectée

Aveuglé par ce fil d'humanité aimé

Je crie à la tristesse et au désarroi

Aux souffrances silencieuses que l'on veut taire

Oui, nous sommes des êtres de néant et d'accomplissement

Oui, nous sommes des êtres de temps et d'anéantissement

Aux souffrances inéluctables qui errent

Je crie à l'universel amour, notre seule foi

Château de cartes éphémères que miroitent nos actes palpables

Cette temporalité des choix révèle le trésor de notre subjectivité

Possédons les décisions et devenons capables

Capable de projections apaisées dans nos vies tourmentées

Les choix se révèlent effrayants par nature

Obligation sévère à renoncer aux chemins des possibles

Mais cette conjecture intime à notre âme nous construit malgré nous

Construction arbitraire du cœur qui se cherche en nous

Alors je crains l'erreur de jugement faillible

Le voilier des liens invisibles me lâche ce sourire si pur

Chaque grain de décision est un risque devant l'univers si dense

Prendre le risque relève d'un courage silencieux, mais intense

Intense par sa nature qui s'élance dans l'essence des âmes vagabondes

Intense par ce questionnement du doute qu'il fait naître chez le poète animé

Poète sorti tout droit d'un autre monde

Animé d'un sens d'altruisme et d'honnêteté immodéré

Explosions de réflexions brûlantes qui se balancent

Entre mille extrêmes de résolutions amères

Besoin d'un je t'aime

Dans les moments où je sens l'abîme me dévorer de l'intérieur

J'avoue oui, j'ai besoin d'un « je t'aime »

Je désire ardemment ce contact des cœurs qui s'abandonnent à s'aimer

Ces cœurs qui dansent innocemment sous la constellation des gens qui se cherchent encore

J'en oublie ma musicalité, mais seule l'essence des idées importe ici-bas

Alors je délie mes angoisses de solitude pour vous partager mes vertiges

Vertiges de doutes, vertige d'un amour aride

Vertiges d'une identité compliquée en quête d'accomplissement

Par-delà ces conjectures sur ma poussière d'existence, je vous écris de l'éternité

Oui, l'amour au sens de mentalité intrinsèque est infini

La seule limite est conceptuelle, ami lecteur

Équation ou description abstraite

Aucune arrogance de savoir

Je le ressens juste viscéralement

Cette nécessité d'écrire

De construire cet empire

Empire d'idées émouvant

Aucune arrogance de savoir

La quête du langage

Ce langage qui nous anime de l'intérieur

Nous l'adorons comme le haïssons

Quintessence de nos idées les plus primaires

Au bord de cette falaise de saveurs amères

Le poète savoure sa propre substance avec passion

Substance de ces lettres qui résonnent avec ampleur

Succulente évidence des mots que je pense sans écrire

Impressionnantes allusions des mots que j'écris pour guérir

Pouvoir infini de cet exutoire sacré

Reconnaissance des astres aimés

Dans la grotte de l'ignorance de mon génie

Je creuse ma carrière d'écrivain innocent

Avec détermination, je danse avec ce mystère pensant

Ce mystère d'une identité qui ne pâlit

Amour en suspension

J'ai pris le risque de t'aimer intensément

D'une force si folle et ardente

D'une force si éreintante

Ce risque résonne insolemment

Alors je me demande si ton cœur m'a oublié

Si ton cœur m'aime encore dans l'ombre d'une absence

Nous sommes reliés par l'invisible alliance des âmes ensorcelées

De la magie brute nous entoure de son essence

Abyssale crainte de me méprendre face
à ce torrent d'amour qui me hante

Éprouves-tu ce même tremblement des
sens qui trouble mes nuits ?

Me vois-tu dans tes rêves les plus fleuris
de joie ?

Un empressement intense de me revoir
t'embrasse-t-il le cœur ?

Incertitude espoir dont j'ai peur

Le poète écrit alors ces plus beaux
poèmes

Lettre à l'immensité des âmes troublées

Troublés par cette musique qu'on aime

La musique de cette fournaise de sentiments tumultueux

La musique de cette obsession cosmique

La musique de ces regards presque chimériques

La musique de ces liens faramineux

Solitude qui ruisselle

Je saigne parfois de cette solitude

Elle me poignarde sans prévenir

Tel un instant plein d'avenir

Hémorragie que je n'élude

Cicatrice de ce cercle si récent

J'apprends à panser mon temps

À panser mes absences de joie

Telle une plaie vivante de surprises

Elle m'appartient sans aucun choix

Je l'apprivoise presque avec hantise

Lorsque j'ai l'illusion d'être seul

Je me souviens une chose essentielle

Je suis un écrivain

Un tisseur de monde artificiel

Un magicien de ces somptueux puzzles

Je suis un écrivain

Ce pouvoir de création est unique

Il conditionne la destinée de l'artiste

Ce pouvoir rend responsable

Responsable de cette mélodie rythmique

Elle danse avec passion sur cette piste

Piste aussi mouvante que le sable

Piste que la vie éclaircit

Elle danse sans un grain de panique

Aveugle horizon

Utopie ou espoir réaliste de te revoir

Boucle de pensées immarcescibles

Toujours ces sentiments

Sentiments du cœur qui m'attristent

L'odeur de tes souvenirs sous le vent

Tes regards intenses qui tissent

Un royaume d'amour authentique

Paysage sans détour de mes peines

Peines de cette détresse à prévoir

Aurore de cette dissolution faillible

Figé devant ces chemins percutants

Où les décisions relèvent du jeu de piste

Décisions du paradoxe du temps

Décisions de ces évidences qui glissent

Dans l'incertitude des altitudes arctiques

Où ma liberté demeure ma plus cruelle
chaîne

Du bruit dans tes silences

Devant ce désert des mots que je veux
entendre

Je pleure cette désolation qui ne veut se
rendre

Ruiné par les passions d'une âme
trempée

Trempé de cet amour perturbé

Alors j'écris pour continuer de briller

Alors j'écris pour ne pas sombrer

Cascades de mots d'amour qui s'éloignent

Ouragan de solitude que j'empoigne

Cendres de mes ardeurs, je recule devant cette chimère

Aux paysages immaculés de mes torpeurs

Désir insolent de fuir ma perte

Désir du paradoxe d'aimer

Pourtant, tu m'attires telle une rose parmi les roses

Ton parfum unique m'a apprivoisé

Dois-je continuer à me laisser transporter ?

Ton parfum unique m'a apprivoisé

Jeu dangereux des âmes éprises

Hasard de l'humanité ou destin que j'embrasse avec audace

Ma seule amie : cette ignorance qui me méprise

Soit, habitué à ce brouillard qui se prélasse

Identité du doute ou vagues incessantes
de toi dans ma tête

Je perds les mots, ma poésie se fatigue
à t'aimer

Amoureux des mots, ma plume s'entête

Elle possède la lumière de mes torrents
improvisés

Torrents de solitude qui ne me lâche

Torrent d'amour que je veux donner

Torrent de mondes que je crée

Torrent de néant qui m'arrache

Alors je deviens ce poète des temps intemporels

Avec une modestie arrogante, je suis fière d'enlacer ma plume

Avec une éreintante énergie, je possède cette senteur que je hume

Une envie de respirer

Toujours ce même brouillard

Toujours ce regard hagard

Devant ce miroir pénible

Devant ce présent horrible

Donne-moi des clés pour respirer

Donne-moi des clés pour perdurer

Ces portes inclassables ne sont-elles que des mythes ?

Ces portes détestables ne sont-elles que des rites ?

Rites ineffables au sadique silence

Rite du mystère des caractères

Contristé par ces étranges symboles

Je deviens cet esprit arbitraire

Arbitraire par cette sentence

Choix inéluctable qui me colle

Supernova de ton éclat

Cette explosion d'imprévus m'a submergé

Atone et exaspéré devant ce bouleversement

O injustice du ciel qui m'a frappé

O funeste amour manquant

Indécelables secrets de nos peurs

Mille saisons de tes émotions que j'attends

Dans cet univers si fragile et ardent

Indécelables secrets de nos peurs

Comprends-tu ma passion irrationnelle ?

Comprends-tu mes nuits fleuries de toi ?

Comprends-tu mon écriture sensuelle de vérité ?

Comprends-tu mon esprit d'écrivain si décalé ?

Comprends-tu mes nombreux émois ?

Comprends-tu mes attentes universelles ?

Que des questions qui hurlent si fort

Elles voudraient détruire le temps lui-même

Posséder ces connaissances en or

Et devenir moins immortelles que la mort

Défi impossible ou vaste projet ?

J'aime croire à cette utopie des âmes qui se comprennent

Ces lumières qui se répondent inlassablement

Par cette limpide destinée qui s'enchaîne

Ces ombres qui se pourchassent paradoxalement

Défi incroyable ou vaste courrier

Courrier de mes mots qui coulent à flots

Courrier de mes mots si chauds

Chaleur de l'esprit qui aime

Chaleur d'un espoir carpe diem

Le voyage des visages

Nécessité de voyager quand je tombe dans cette mélancolie

Aussi étourdissante que déroutante

Nécessité de voyager quand je croise cette froideur ici et là

Aussi chronique que pathétique

Inexorable trajectoire de ma vie colorée

Me confondre dans cette diversité

Attraper cet avion avec cette insouciance

Embrasser ces pas avec impatience

Impatience de ces découvertes à portée

Impatience de donner des sourires à l'inconnu

Impatience de légitimer encore ma venue

Impatience de croiser ces prunelles enchantées

Voyage de mes sentiments intenses

Vers le monde qui m'attends

Anarchiste certes, mais lumineux

Lumineux d'un idéal qui avoisine la folie

Mais qui vibre chez chacun comme un secret d'enfant

Nous sommes nées pour cette folie

Attentat de la noirceur par cette
quintessence

Folie de cette poésie écrite qui ne ment

Vérité des siècles qui traversent les
savants brumeux

Libre envolée d'une histoire qui nous
relie

Affections des âmes dispersées par le
temps

Histoire commune qui ne rougit

Message d'union à l'univers filant

Prodigieux signal qui saigne

Obligeant l'instauration de ce règne

Où les idées tissent ce lien rassasiant

Ce lien où de simples gestes disent mille mots

Ce lien où les lettres voyagent

Ce lien où la distance n'est qu'une information

Ce lien où nos corps se réchauffent aussitôt

Quand nos âmes se connectent

À tout âge

Dans cette chorégraphie cosmique de la passion

Chorégraphie d'une vie qui résonne en écho

Chorégraphie d'un roman qui danse par ses mots

Chorégraphie d'un câlin qui arrête la souffrance le temps d'un souffle

Chorégraphie de ma promesse de vivre mes troubles

Continent pragmatique

Je me balade sur ce continent de raisons

Écosystème où les espèces du cœur et de la raison se déploient

Indiscutable alliance de ce mélange qui s'accroît

D'une manière libre et innée, ô belle création

Équilibre impossible de cette humanité oubliée

Où les voix des envies s'élèvent pleines de courage

Devant ce mur de contingence mal aimée

Où les désirs deviennent nos soleils rouges

Nos boussoles égarées devant la tempête de la vie

Alors, l'homme chemine vers ce silence

Silence nuancé d'une raison émotive

Où les gestes sont des dons

Où les lettres sont des cris

Chaque plainte dépose sa semence

Implacable culture de cette danse

craintive

Crainte de la perte de cette beauté qui

ne fond

Libération de ce flot

Ainsi, j'ai pu te déverser mes

incompréhensions

Lac de pensées qui tournait en rond

depuis trop longtemps

Dans ce trou noir de ce temps si

changeant

Ainsi, j'ai pu te déverser mes

incompréhensions

Tu m'as écouté avec attention

J'ai sorti mes ailes de papillon

Pour arborer ma liberté d'expression

Avec peut-être quelques appréhensions

Mais peu m'importait après tout

La vérité doit primer par-dessus tout

Alors, je t'ai ouvert la forteresse de mes

sentiments

J'ai rappelé cette évidence du cœur que

j'aime tant

Les doutes dans mon esprit se sont

défaits

Une tristesse exécrable m'a embrassée

J'ai réalisé avec pragmatisme notre

chant dissonant

Alors, malgré ce fait cruel, j'étais content

Après cette honnêteté partagée

Une pause devait s'imposait

Afin de s'élever sur la montagne des

décisions

Décision la plus cohérente quant à nos

aspirations

Peu importe la finalité de cette

respiration entre nous

Je ne retiendrais que cet invisible

amour que nous nous sommes donné

Sans restrictions ni contraintes

Juste deux étoiles qui voulaient rendre

le monde un peu moins fou

Impossibilité d'effacer nos souvenirs

impérissables

Impossibilité d'effacer ton regard si

appréciable

Impossibilité d'effacer tes rêveries

majestueuses

Impossibilité d'effacer tes spontanéités

merveilleuses

Sourire à l'éternité

Par ce présent recueil que je t'offre

Je te lègue une partie de mon éternité

Héritage modeste, mais profondément

enrobé

De ce royaume aux innombrables

coffres

Coffres de vérités ensorcelées

Par la magie des âmes qui

s'entremêlent

Dans cette tornade qui bat des ailes

Je te lègue une partie de mon éternité

Prends-en grand soin, ma confiance

entre tes mains

Tes yeux peut-être humides après cette

lecture intense de sens

Une forêt d'espoir ruisselle alors en moi,

tel un marin

Qui croît avec une certitude

déconcertante à cette essence

À cette essence de cette mer prospère

Si imprévisible pourtant par sa nature

même

Au regard colérique ou si blême

À cette essence de cette mer sans

repères

Détour poétique pour te rappeler ce

message lumineux

Message incendiaire, oui je le veux

Je t'aime, incroyable étoile qui file si

haut

Je t'aime, insondable étoile jamais de

trop

Table des matières

Remerciements

J'aimerais dédier ces remerciements à toutes les personnes qui ont aimé et qui aimeront. Toutes les personnes qui ont pris ce risque fou de partager leur trésor intérieur, avec une vulnérabilité intrinsèque à cette condition d'aimer. Merci également au Petit Prince de m'avoir accompagné pendant mon écriture de ce recueil, tu n'étais jamais loin, sache-le ! Je pensais à toi le soir en regardant les étoiles, perché sur ton astéroïde B612, je ressentais ta bienveillance. Merci à Joyce Baillet de m'offrir cette pureté du cœur intense et remplie d'une confiance si rare de nos jours. Merci encore pour ton soutien moral et émotionnel dans mes chemins de vie. J'aime beaucoup la poésie qu'on se partage ensemble. N'oublie pas que je t'aime fort. J'espère que nous pourrons écrire le plus longtemps possible notre histoire, jamais loin. Merci également à Inès Arif de sa présence par ses mots et par ses gestes si touchants à mon âme parfois trop tourmentée. Tu dégages bien souvent une énergie qui apaise, une énergie qui nous redonne une nouvelle force. Elise Desjardin, un grand merci à toi, de ta présence attachante et rassurante dans mon cercle d'amis, de tes conseils avisés, de ta relecture de mon recueil de poèmes et de m'accepter comme je suis ! Marie-Louise Djoli également, Théo Scemama, Jacques Evans et Dan Temime, merci à vous pour votre écoute, pour vos sourires ensoleillés. Ainsi que votre présence, cela me remplit d'une joie certaine quand j'y

pense, je suis chanceux de vous avoir !
Alexandra Ricordel, je te remercie
profondément pour ces moments
partagés en colocation, pour ton amitié,
ton soutien, ton appétit à la vie qui est
palpable. J'espère profondément que
nous resterons en contact ensemble.
Merci de m'avoir accepté comme je
suis, tu es une de mes meilleures
rencontres sur Bordeaux ! La chance
m'a attrapé intensément, je t'ai
découvert, une bienveillance naturelle
se dégageait de ta personne. Tu as
accueilli mes pleurs et mes angoisses
avec compassion, une reconnaissance
élevée irradie envers ta personne. Je te
témoigne mes étoiles de gratitude
d'avoir pris le temps de lire mon recueil
de poèmes également et de m'avoir
partagé ton avis. Merci aussi à tous mes
autres amis que je n'ai pas cités. Merci

également à Baptiste Raynal pour son aide pour la mise en page et son souci d'altruisme constant dans son comportement. Je me dois également de souffler des mots de remerciements chaleureux à Adélie Gautier pour sa contribution pour le dessin de la rose sur la couverture de mon ouvrage. Pour moi, cette rose voulait signifier beaucoup, alors j'aime cet aboutissement sur ce livre !

Obligation du cœur de remercier cette étoile que j'ai croisée. Cette étoile si déroutante et pourtant si unique. Cette étoile sans qui ce recueil n'existerait pas, j'en suis certain. Merci à toi d'avoir partagé ces moments stellaires avec moi. Au moment où j'écris ces remerciements, j'ignore encore si nos chemins se recroiseront vraiment, mais cet amour pur que nous nous sommes échangé chuchotait une pureté admirable. Merci pour tout.

Regrettable désillusion pour ma part de cette ardeur non partagée, mais je conçois la déception comme une épreuve afin de rebondir face à l'adversité. Merci donc de m'avoir rendu plus fort, de m'avoir fait grandir en quelque sorte, même si je reste éternellement un enfant dans mon corps de Terrien.

Dans l'ordre de mes pensées, je vais continuer ses vagues de reconnaissance. Évidemment, un grand merci à mes parents sans qui je ne serais pas sur cette Terre. Maman je t'aime, ne l'oublie jamais ! Malgré nos tensions qui peuvent exister, n'oublie jamais que j'éprouve cette évidence du cœur pour toi, cette évidence que nous sommes reliés par ce langage invisible de l'attachement des âmes apprivoisées.

Évidemment, merci à toi cher lecteur, de m'avoir lu et j'espère à très vite pour mes prochains ouvrages.

Pour terminer je crois mes remerciements, j'aimerais rappeler quelques vérités.

« Quand tu regarderas le ciel, la nuit, puisque j'habiterai dans l'une d'elles, puisque je rirai dans l'une d'elles, alors ce sera pour toi comme si riaient toutes les étoiles. Tu auras, toi, des étoiles qui savent rire. »

Le Petit Prince, Antoine de Saint-Exupéry

« Le véritable voyage, ce n'est pas de parcourir le désert ou de franchir de grandes distances sous-marines, c'est de parvenir en un point exceptionnel où la saveur de l'instant baigne tous les contours de la vie intérieure. »

Le Petit Prince, Antoine de Saint-Exupéry

« L'amour n'est pas un lien, c'est une révélation ».

Boris Cyrulnik

Pour me suivre :

Sur instagram (compte auteur)

Sacha.nakache_auteur

(site internet en préparation)